發掘你的天賦，活出自己
Who You Are Is What You Do

非虛構 006

希瑟 ‧ 麥克艾利斯特
Heather McAlliste

劉怡女／譯

本書獻給莎莉・戈瑞爾，

誠心感謝她對此書的信任並讓它得以實現。

同時也要獻給我的孩子們，珍妮特、安德魯、羅伯，

他們不斷地選擇關於他們自己的人生與職業，

這都是持續啟發我的靈感來源。

目錄 Contents

歡迎來到你的未來

做決定的時刻終於來了：我想做什麼工作？該接受哪些教育或訓練對未來最有幫助？

很多人會覺得要回答這兩個問題其實不太容易。更別提各方來的建議五花八門，甚至還常常互相衝突。**搞不好就是因為你得到的訊息太多了，反而更讓你下不了決定。本書將幫助你釐清想法，最終做出明確的決定。**

你會想，是不是現在的社會環境導致我們比以往更難做出決定？答案幾乎是肯定的。當我們在 1990 年代中期開始針對紐西蘭的勞動市場變遷展開研究，我們馬上就看出了一個趨勢：無論是就業市場上開放的職缺，或是大家的實際工作方式，兩者都正在快速變化中。

這本書會討論到這些變化，不過我要先在此強調，這些變化的深刻程度及廣泛程度絕對不容我們小覷。

在 1990 年代之前，大部分人的工作就是我們所謂的「標準化工作」。他們領薪水或工資，上班時間週一到週五，早上八點到下午五點。此外他們會終生從事特定的職業，像是建築工、醫師、生產線工人、農夫等等。

到了 2006 年，大部分人做的是「非標準化工作」了，包括兼職、約聘或定期雇用。他們可能是組合式工作者（portfolio worker），即同時兼差兩份以上的有薪工作，也可能是工作與訓練同時進行的員工。

據估計，大多數人終其職業生涯，會轉換五至八份受雇工作。他們有的是轉換事業跑道，譬如從牙醫變成考古學家；有的則是跳槽到別的產業，譬如原本務農的人轉進服務業。他們也可能只是換個老闆做做看。

這些現象代表什麼意義？首先，這表示你得將身段練得更有彈性，而且要統合你的各項技能，讓自己能夠在不同的工作、職業和產業中靈活移動。沒有比困在夕陽產業或離不開的工作中更慘的事了。

其次，這些現象也表示**教育及訓練非常重要**。你從中學到的技巧不但能讓你保持彈性，也有利於你重新接受教育。而且大部分工作都會要求你拿出正式的資格證明。

不過你的教育及訓練不見得決定了你未來要做什麼工作。有將近半數接受律師訓練的人，後來並沒有走律師這一行。而實際擔任法律職務的人當中，雖然高達九成擁有學位，但他們之中有五分之一拿的並不是法律學位。

　　這些職場現象實在教人摸不著頭緒，所以才有了本書的問世，為大家提供重要的訊息和一些行動策略。本書也特別強調，**這些關於教育、訓練與工作的決定，都必須是因人而異。**

　　我從學生們走進大學職涯中心，就一路看著他們成長。很多學生不確定他們該選修哪些學位或課程。遇到這種情況，我往往會先跟他們聊聊，問他們真正感興趣的是什麼。這樣做有兩個理由。首先是一個簡單的道理：對特定議題或課程感興趣時，學習起來會比較有續航力，通常成績也會比較好，成績畢竟還是很重要。再者，能夠拿到一張紙，上面說你已經達成了若干資格，在這年頭還是挺要緊的。

　　所以你應該追隨自己的興趣、讓自己充滿學習熱情，然後取得有幫助的訊息。

　　遺憾的是那些跟我們親近的人，無論是家人或朋友，他們不見得理解（或支持）我們的興趣及熱情。而且他們還常常對未來前景提供過時的訊息。

　　如果你對某個產業感興趣，不妨跟業界的人多聊聊。相信大部分業界人士都很樂於幫你一把。你也可以與年齡相仿且正在做你有意從事活動的那些人談談。除此之外，網路有些相當不錯的資訊，像是紐西蘭重要的就業招募網站 Trade Me，可以讓你參考特定職務需要哪些資格。你也可以上 www.icould.com 或 www.monster.co.uk（雖然這些網站提供的多半是海外職缺，但看看無妨）。

　　以上提到的都是很重要的抉擇。**我只能告訴你，把本書的想法和建議聽進去吧，然後追隨你的興趣及熱情，並且準備好迎接改變。**

加油！

保羅‧史普恩利教授
梅西大學

這是趨勢

該投入什麼職業，得看

你是什麼樣的人！

導言

　　知道就業市場上有哪些職務和雇主固然重要，不過現今職業發展最關鍵的是「瞭解自己」。

　　本書會解釋原因何在，探討「職業」在二十一世紀的意義是什麼，以及現在的職業與二、三十年前，甚至與十年前有哪些不同之處。

　　雖然我們談的是職業，但本書的重點是你。

　　為了幫助各位更瞭解自己，我們會借用三位知名哲學家的思想：尼采、海德格、沙特。他們對認識自我或忠於自我，都提出了有意思且挺有用的看法。

　　我將他們的想法轉化為一些問題，可幫助你更瞭解自己，答案則因人而異。本書還留了適當的空白處，讓你寫下自己對這些問題的回答。

　　答案寫下來後，不妨過個一或兩天再拿出來看看。說不定幾年後你再回頭看這些答案，也會覺得有趣。它們提醒了你，自己在寫這些答案時曾經是怎樣的人，也可以讓你看到自己比當初蛻變成長了多少。

　　這幾年來，隨著我的職業和我個人的改變，我曾多次問自己這些問題。我十八歲就出社會當教師，到了四十多歲才拿哲學碩士學位，此後換了幾次事業跑道，包括人力招募、哲學諮商、與學生聯絡。「學生聯絡」一職得向學生解釋大學和技術學院這類高等教育機構如何運作，並且針對如何選擇合適的學歷資格為學生提供建議。

　　本書的靈感，大部分來自我與全國各地數千名學生的討論、一起探索他們的生命目標與夢想。

　　這本書能問世要感謝他們。

希瑟 · 麥克艾利斯特

恭喜畢業！

你熬過高中了！

所以接下來要做什麼呢？

畢業生的機會與選擇，是前所未有的眾多——
讓人既興奮又害怕！

你可以攻讀一門課…

在紐西蘭有超過七百所高等教育機構，包括大學、技術學院、毛利大學、私人訓練
機構等等，是中學後研讀或受訓的好選擇，提供了數千門課程任君挑選。

還有其他發展機會：

- 離開學校後立刻找一份工作
- 當學徒，學習焊接、水管工程、建築或烹飪
- 從軍：海、陸、空向你招手
- 旅行——盡情體驗海外生活

總歸起來，你有這些選項：

私人訓練機構

大學　軍隊

技術學院

學徒　毛利大學

海外體驗／一年長假

求職

你到底要如何選擇？

別恐慌！

信不信由你，你已經有答案了——
只是還沒認出它來！

你是哪一種人？

學生們到了高年級，通常變成以下三種人之一：

1　我知道自己畢業後想做什麼，也知道要攻讀哪些課程。

2　我在某些方面是表現得比較優異的，但除此之外我不清楚自己想做什麼。

3　我完全不知道畢業以後要做什麼。

在我的輔導經驗中，大部分學生落在第二類，而第一類與第三類則各有
10％ 的比率。換句話說，多數學生就算到了高年級，甚至快要畢業的時候，
仍不太確定離開學校之後要做什麼。

所以 ...... 假如你覺得有點徬徨、甚至緊張害怕，你**不是孤單一人**。大部分學生都與你站在同一條船上。

記住這三件事

1 **別恐慌**。只需要一點幫助，你就會知道如何踏出離開學校後的第一步。你只要能夠好好踏出這一步就行了。

2 做決定本來就免不了迷惑和猶疑，這是正常的！

3 決定投入一門職業需要花時間思考，沒有立即的答案可言。所以別逼自己在還沒準備好時倉促下決定。

?

請繼續讀本書，你會找到為你的未來做選擇的方法。

一個日益明顯的趨勢：你的職涯該如何選擇，將得先看**你是什麼樣的人**。

開始讀
本書之前……

職業大不同：
過往與現今

當你的父母和其他照顧你的人出社會的年代，情況與現在可是大不相同。過去幾年，就業市場已經有了不少改變。如今，我們對自己的未來擁有更多自主權。

怎樣不同？

我離開學校的時候，那可是黑暗的一九六〇年代末期！女孩的就業選擇少得可憐，只有當老師、護士、祕書，或是到店裡替人做事。

我選擇當小學老師，預期自己會教到結婚生子。**在那個年頭，大部分女性會選擇在家相夫教子。**

至於**男孩子**呢？他們的選擇是比女孩多一些，不過一旦他們選定某個工作，**大家會預期他們從事那份工作直到退休**。為了能養家餬口，他們得找到待遇不錯的工作，因為房貸或房租、柴米油鹽、衣物、水電等等生活開銷通常由他們來負擔。當時男女同工不同酬的理由，就是因為大家認定男性要承受比較重的家庭經濟責任。

儘管聽起來不公平，但當時的價值觀與現今不同。選擇工作的時候，特別是對男性來說，**安穩不變是重要的考量**。所謂安穩，也就是在同一個老闆下工作得長長久久。

當年公司和機構掌控了員工的命運，職務內容、薪資和退休福利都是資方說了算。**他們像「老大哥」一樣地監視著員工**，替公司賣力幹活的人會得到升遷或加薪作為獎賞。這背後的概念是：假如你對公司效忠，公司也會對你盡責。

穩定

安全

不變

論資排輩

直線

終生

忠誠

當年如何定義「職業」？

所謂「職業」就是離開學校後找個事來做，而且持續做上一輩子，就像走著一條長長的路直到退休。行有餘力就努力往上爬到職位階級的頂端。所有雇員都朝著公司的目標前進，個人目標必須擺在公司目標之後。

直到現在，有些父母和祖父母依然是如此看待職業。他們希望你有個安穩的生活，而且認為要擁有安穩的生活，就得按照傳統的路來走。你可以瞭解他們為什麼會這樣想吧，畢竟這是當年他們在選擇職業時被奉為圭臬的原則。

如今我們如何看待職業？

這年頭我們對自己的未來擁有比較高的自主權了。就業市場上增加了許多新選擇，光是資訊科技產業就創造出幾百種不同類型的工作。

現在我們可以把焦點集中在自己的事業目標上。我們不再依賴一家公司提供終生的職業發展道路。

我們工作是為了達成自己的目標。所以只要一份職務有磨練技能的機會，我們就會主動去把握。

有鑑於此，個人事業發展的責任也大部分落在我們自己身上。我們得思考清楚自己想要什麼、希望在什麼地方尋求發展。

所以現在職場需要的是積極的態度，甚至帶點創業精神，不放過身邊的機會，或甚至是自己主動創造機會。

此外高明的溝通技巧、在職場廣結善緣，也都能夠為你在職場上加分。

當然了，最好還能保持機動性與彈性。

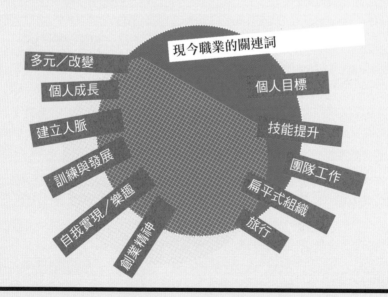

現今職業的關連詞

多元／改變
個人成長
建立人脈
訓練與發展
自我實現／樂趣
創業精神
個人目標
技能提升
團隊工作
扁平式組織
旅行

我父親的故事

我父親在第二次世界大戰後，接受師資訓練成為一名教師。多年來他在幾所學校任教，**一步一腳印地往上爬**，從教師逐漸升為理工學院院長。接著他到印度授課，又逐漸升為當地國際學校校長。後來他轉往另一間學校擔任行政主管。他的整個職業生涯都在教育界發展。

我兒子的故事

我兒子羅伯從學校畢業後，第一個夏天他跑去當衝浪救生員。隔年他到奧克蘭的高橋港，說服兩艘觀光快艇的船員讓他免費搭乘，條件是他為快艇無償工作兩個星期。結果兩週結束後，他們給了他一份支薪工作，於是他留下來繼續工作到年底。

羅伯聽說在超級遊艇工作可以賺不少錢，所以他設法考取需要的資格，像是無線電人員執照。然後他飛到地中海，下飛機後二十四小時內就找到一份差事。十八個月後他回到家鄉，用超級遊艇上賺來的錢買了一間房子出租，同時做一點股票投資。

此外，他也報名了工程學士學位課程，最近才剛完成學業。羅伯計畫成為企業的執行長，但領域不一定要與工程有關。他之前聽說英國有超過半數的執行長都是念工程出身的。由於工程師養成了解決問題的能力，所以經常是相當成功的商業管理者。（事實上，企管顧問機構有超過五成的從業人員也都是工程系畢業生。）

目前為止，羅伯短暫的職業生涯反映了當今工作的典型特質：彈性、主動推展、多元化、追求樂趣，以及持續不斷的技能升級。
家父的事業則反映出兩個世代前的職場特性：直線發展、階級式升遷、追求穩定及終生雇用。他和羅伯都在工作中找到自我實現的滿足，但兩人走的道路已經完全不同。

今昔大不同

過往	現今
固定不變	隨時變動
安穩	自由
終生	短期
論資排輩	扁平式組織
一條路走到底	條條大路通羅馬
忠誠	個人提升
企業成長	個人成長

所以現在，職業是關乎：

- 你的**目標**
- 你的**夢想**
- 你的**抱負**

現在你懂了，如今職業選擇不再只是一個決定、一份終生工作，而是充滿了各種選擇與決定，引導你走向不同的、甚至互相交錯的道路。你在各別職場角色間轉換、累積多樣技能、藉此達成個人目標的同時，必須持續不斷地做出各種決定，思索下一步該怎麼走。

不過在此告訴你一個好消息：你只需要決定第一步怎麼跨出去就行了！

你只需想清楚，接下來的一年，或甚至接下來的幾個月，有什麼值得一試的計畫。

當你著手展開計畫後，你的視野會隨之打開，促使你改變想法，嘗試些不一樣的事。隨著你個人的成長、發展、改變，你的目標和夢想也可能會跟著發展和改變。

每個人的道路都會峰迴路轉、變換不同方向前進。

跳躍的職涯

三十七歲的伊恩受過律師訓練，曾經在商事法領域工作過。不過他將自己的法律專業結合創業技能，開了一家保險公司。五年後他賣掉公司，靠著兼職法律顧問賺取收入，好讓自己有足夠的閒暇投入他現在最熱衷的活動──演戲。

從播報新聞到創造新聞

凱蒂一直想當電視主播，所以她選修了大眾傳播課程。不過她學到一半發現，公共關係這塊領域對她其實更有吸引力。現在她才二十六歲，已經是紐西蘭龍頭企業的公關專員，負責主導該公司的媒體宣傳活動計畫。

著手計畫之前 ...

什麼是你在職場裡會需具備的技能？

以下是你未來雇主想要看到的技能與特質。

- 可移轉的技能
- 溝通的能力
- 積極主動
- 自動自發
- 靈活應變

兩個**可移轉技能**的例子是：良好的組織能力及時間管理能力。這兩種技能在任何職場都具備重要性。

如果你有**積極主動**的精神，那麼當你看到有什麼該做的事，你就會主動去負責，不會等到別人來叫你做。當你想到比較簡單，或比較有效率的做事方法時，你也會直接採取行動。

所謂**自動自發**，就是不需要別人盯著你、確認你把事情做好，你就會鞭策自己將工作妥善完成。

保持彈性與適應力意味著你可以隨著環境變化改變工作方式，在有必要的時候願意更動自己的計畫。

個人成長牽涉到把握機會磨練新技能，培養有助於你廣結善緣、成就目標、增進智慧的個人特質。

好的**思考技巧**能讓你善於分析、判斷、解決問題與改進做事的方法。

電腦技能是基本要件。企業若沒有能使用網路、電子郵件、常用辦公室軟體的員工，便無法有效率地營運。

終生學習也是基本要件。畢竟知識的演進速度實在太快，一年前學的東西可能現在就已經過時了。

· 追求個人成長

· 思考能力　　　　　　　　　　　　　*

· 電腦操作能力　　　　　　　　　　　*

· 終生學習能力　　　　　　　　　　　*

學校之外的教職

凱瑟琳取得文學院學士學位後，受訓成為歷史老師。不過在教了十二年之後，她希望能做個改變。一家人力銀行告訴她，企業界很需要她在教學過程中發展出來的技能：溝通表達、管理、協調，以及組織的能力。她可以透過這些能力幫忙企業訓練員工。她也發現大學時代讀的心理學有加分效果，因為這表示她知道如何詮釋心理測驗結果，有助於企業用來評估應徵者的人格特質。於是凱瑟琳進了一家大型跨國企業的人力資源部門，工作就是針對心理測驗結果做進一步分析。她成為相當成功的訓練師，也藉著跨國企業紐澳心理測驗專家的身分而變成搶手人才。

總歸起來 ...

你的職業不會是一條固定的道路。與其說它是一趟旅程，不如說它是一幅大拼圖，你得將手邊拿到的一塊拼圖設法放進適當位置。直到職業生涯的最後，你會看到完整而色彩繽紛的圖案。

當然了，每幅圖案都訴說著自己的故事。

你的工作或許會遇到許多變化；隨著時移境遷，你想從工作中獲得的東西也會不一樣。當你還年輕的時候，你可能會希望能常常旅行，期盼職務有變化、能夠讓你振奮。然而之後你可能想要成家了，打算找個較穩定的工作做個幾年。

你的職業生涯就是你的人生故事。你可以把所有的夢想、準備投注努力的目標與計畫都寫進你的故事。與所有好看的故事一樣，你的故事也會有迂迴曲折之處，也會出現你無法控制的事件和處境、與一些特殊時刻——當你做出了改變故事發展方向的重要決定。

開始構思你要
如何寫自己的故事吧！

幾個有助於思考的問題：

你的父母／監護人／祖父母從事哪些職業？

他們如何達到目前的職位？

現在你最想從事的職業是什麼？
如果可以盡情夢想，你希望從事什麼職業？

就你目前為止的生涯寫一篇短短的自傳。不過要用第三人稱來寫，
就好像是在寫別人的傳記一樣。寫寫你在哪裡生活、你的家人與朋
友、你喜歡做些什麼、生活中有哪些樂趣，以及任何對你而言重要
的事物。

這是你的故事，而且它是現在進行式。
不妨過幾天之後再重讀一次，
你可能會對自己產生新的認識。

我該從
哪裡開始？

從你自己開始！

一切都
與你有關。

你要為自己的職涯、

自己的故事負起責任。

所以接下來的大問題是：

我是誰？

你要如何認識自己？

如何知道自己想要什麼？

怎麼樣才能讓自己快樂？

我花了幾年時間研讀哲學，因為我發現這些問題很有意思，

而且幾個世紀以來已經有許多哲學家嘗試回答這些問題。

他們的想法說不定會對你有幫助。

以下是本書著眼的
三位哲學家：

- 弗里德里希‧尼采（Friedrich Nietzsche）
  他認為熱情成就了自我，因為熱情帶來的強烈驅策力會
  激勵我們，比方說讓我們渴望自己能夠超人一等。

- 馬丁‧海德格（Martin Heidegger）
  他認為我們所選擇的價值成就了自我。所謂價值也就是
  我們優先考慮的事、以及那些對我們有重要性的事物，
  像是公平、家庭、獨立。

- 尚-保羅‧沙特（Jean-Paul Sartre）
  他指出，人生道路是由我們選擇出來的。我們所做的每
  一個決定，無論是吃什麼食物或結交哪些朋友，正體現
  了我們在做決定的當下是個什麼樣的人。

一切都
與你有關

尼采
Friedrich Nietzsche

弗里德里希・尼采
怎麼說

燃燒吧，內心的小宇宙

德國哲學家尼采是十九世紀最富爭議性的哲學家之一。他的哲學相當複雜，有時閃爍智慧靈光，有時卻晦澀難解。他的許多想法相當有趣，而且見解精闢。你可能聽過尼采的這句話：

「殺不死你的，將使你更強壯。」

好好想一想

思考／幻想五年後，
你希望自己在什麼地方。

我人會在哪裡？
到那時我正在做什麼事？

是在經營自己的生意嗎？教一班六歲的小娃娃？

攀著企業階梯努力往上爬，而且在市中心的豪華辦公室裡上班？

自己的氣候變遷或癌症治療研究有了重大突破？

在音樂產業擔任技術人員？

NOTE：把所有妨礙你幻想的雜念拋到一旁，盡情作最大膽、最誇張的白日夢吧。可以是你有了年度最重要的科學新發現，擔任有史以來最年輕的內閣首長，或者在下一屆大英國協運動會贏得一面獎牌。

回想生命中所有當你滿心快樂的時刻。當時你在什麼地方？
正在做什麼事？

想一想，有哪些事會讓你精神為之一振。你最喜歡做什麼事？
早上醒來後，你期待著什麼？
哪些活動或事物會讓你從好幾天前就殷切盼望？

這些問題的答案，
讓我們知道自己的熱情在哪裡。

燃燒吧，內心的小宇宙

尼采相信正是熱情造就了我們的自我。
熱情是讓我們持續前進的動力。

請注意，「熱情」在這裡指的不一定是強烈的情感衝動，畢竟能時時刻刻保有這種感受的人算是稀有動物吧！所以只要你內心對某件事抱著熱忱，就算不至於想大聲歡唱、手舞足蹈，這也可以算是「熱情」了。

尼采的作品可以這樣詮釋：

生命關乎的不只是生存，而是要變得更強壯、更有創造力，並且克服自己安於平庸、乏味與無聊的傾向。尼采將這個創造性的生存之道稱為「生成流變」（becoming）。

舉個例子來說，**到處閒蕩、雖然覺得無聊卻不想努力做點什麼事，就是讓自己安於平庸**。而努力改進自己的音樂或運動技巧、進行一場精采對話、完成一項計畫、和朋友共度快樂時光，或閱讀一本好書，這些都能鼓勵人心，而且通常可以讓你感到振奮。這就是「生成流變」。

尼采將「生成流變」對比於「存在」（being）。對尼采來說，僅僅「存在」意味著逃避生命帶來的挑戰。所以我們選擇阻力最小的道路，讓生命在我們無所事事之際流逝。我們不是真的活著，而只是存在著。

尼采也談到「可悲的滿足感」（wretched contentment），亦即滿足於過著跟大家一樣的生活。換句話說，這種人盲目從眾，根本沒有好好思考自己在做什麼。如果你背棄能夠驅策自己的熱情，反而選擇當個凡夫俗子，你等於是否認自己身為人的價值，而且也錯失了最美妙的生命經驗。

> 「生成流變」是要將生命活到最豐富——
> 在我們做的每件事加上自己的創意，
> 並且鼓起勇氣投入冒險、接受挑戰，用熱情來過生活。

就是不滿足

大衛擅長物理學，也取得了土木工程學位，但他並沒有感到特別高興。他未如大家預期的找了個工程師職位，反而決定不要投入這種沒辦法給他滿足感的工作。他拒絕安於「存在」，轉而選擇「生成流變」的道路，做真正吸引他的事，也就是回學校取得社工系學位。這項決定帶領他走向一份任職多年的工作：擔任受刑人感化教育的觀護人。大衛在協助他人生活重回正軌的過程中找到了成就感。不過他也培養出另一項愛好：彈鋼琴。他在五十七歲時再度回大學攻讀音樂。三年後的今天，他靠著演奏爵士樂賺錢謀生。

何謂發揮創意：

- 對世界萬物懷抱好奇心
- 做好每一件指定任務
- 新的想法、積極主動、獨立思考
- 創立一個網站
- 從已經完成的事當中找出可以進一步改善的地方

讓老闆栽培你

比利還是學生的時候，有幾門學科在及格邊緣掙扎。不過一些需要實際操作的課程，像是工藝課，他的成績都還挺不錯。他離開學校之後工作了一年，先是在加油站打工，然後到一家焊接工程公司做他喜歡的動手操作。雇主對他的積極態度和工作方式印象很好，甚至主動幫他付學費，讓他到技術學院上焊接課程。由於他非常喜歡這門課，而且他的焊接技術高明，他成了班上表現最好的學生。這讓他自信心大增，想到何不自己開公司呢！他現在已經註冊紐西蘭商業文憑課程，學習經營公司需要的各種技能。

何謂「生成流變」？

「生成流變」是敞開心胸接受新想法、新行動、新的思考方式、新的改變可能。

「生成流變」是克服擋在我們夢想道路上的阻礙；拿出勇氣前進，而不要停留在我們的舒適圈。

「生成流變」是接受困頓，將它視為把自己磨練得更堅強的機會，而不是將它當成退縮的藉口。換句話說，當情況變得困難時，你必須正視自己的處境。無論是學校功課太難，或是與兄弟姊妹吵架，如果你能夠設法解決問題，而不是兩手一攤轉身跑掉，你就會因為這次的經驗而變得更堅強。

「生成流變」是對改變保持開放態度，沒有抗拒之心，不但樂於擁抱改變，也能夠從改變中學習。對於新挑戰絕對不用任何藉口逃避。

> 達成鼓舞了你的目標
>
> 在體育運動中嘗試新策略　　解開一個數學難題
>
> 想出一個組織活動的新方法

機會

回想一下那些你曾經擁有過，但最後決定放棄的機會，那些因為你感到害怕而不認為做得到，或因為懶得費心而放棄的機會。然後再想想你所做過的決定，當你做了接受挑戰、追求成就感的選擇，而不是比較輕鬆的選擇。這些決定後來有什麼結果？你還會再做同樣的決定嗎？

如果你不把握出現在人生道路上的機會，那麼你很有可能會錯失能夠帶來莫大成就感的事物。

向恐懼、懷疑和惰性舉白旗，就等於甘願當個凡夫俗子。但平庸無法帶來滿足感，而且會導致無聊，做什麼事都提不起勁，進而讓你煩躁不安、精神沮喪。假如你喜歡自己正在做的事，你不但會充滿活力，就連你身邊的人也都會感染到這股能量。

好好抓住這些機會吧！面對你的恐懼，實踐你的想法。

不放棄希望

席亞娜在高中最後一年時，非常想成為專業廚師，所以她申請了兩門課程，第一門課在技術學院，內容看來簡直就像為她量身打造；另一門課由私人訓練機構開辦，算是她的備案。私人訓練機構很快地便同意她入學，技術學院則以她的部分資格不足為由，將她列入備取名單。席亞娜雖然失望，卻沒有改變決心。她整個夏季每週都打電話給技術學院，詢問有沒有人退出課程，可惜得到的答案都是「沒有」。席亞娜只好開始準備去上私人訓練機構的課程，那門課比技術學院的課早一個星期開始。就當一切看似沒有希望的時候，她終於接到電話，通知她技術學院的課程空出了一個名額。她終於能上到最想要的課了。她對創造美食佳餚的熱愛，使她不願意輕易委身於任何不是她最想要的選擇。

找到你的啦啦隊

現在，回頭看看尼采那一篇列出的問題（本書第 27 頁），並寫下你的答案。你對未來的夢想是什麼？你有什麼樣的抱負？**用心看你所寫下的夢想與目標，因為它們揭露了你的熱情何在、哪些事物能夠激勵你、哪些事物會讓你的生命變得更多采多姿。**

有時候我們喜歡一門科目，是因為授課的老師對它滿懷熱忱，而老師的熱忱感染了我們。如果你真心喜愛自己在做的事，就像那些老師一樣，那麼你也可能會把這些事做得很好。只要你全心投入，而且願意接受挑戰，**這時候你的創造力就會像裝上了翅膀一樣迎風翱翔。**

水電工變講師

賈斯丁一讀書就頭痛，所以在高三結業後決定不再升學。他找到一份工作當水管工人的助理。雖然這份差事待遇還算不錯，但他總覺得不是很喜歡。後來他想起古典文學課上學到的一些有趣觀念，當年教這門課的老師很懂得激發學生的興趣，連帶使他迷上了古典文學。他發現上大學能接觸更多古代歷史與經典作品，所以他鼓起勇氣申請了古典文學學士課程。由於他有高中畢業學歷，符合特別許可入學資格，而且求學欲望很強，所以他的申請得到了入學許可。大學就讀期間賈斯丁的成績優異，現在正計畫培養自己成為講師。

哪些人物、地方、科目、運動項目、音樂、書和網站，
是你喜歡、享受、欣賞的？把所有最讓你熱衷的事物寫下來。

哪些活動能讓你朝氣蓬勃？可以是玩一種運動、寫一首詩，或者爬
山。也可以是和三五好友一起閒逛。也可能是演場戲劇，或是逗別
人發笑。

你如何運用自己的創造力？回想一下你創造過哪些事物，以及這些
活動讓你有什麼感覺。

多年以來你對自己的生命要如何度過，有過哪些夢想？你最想創造的是什麼？你是否曾經見過，或經歷過什麼會讓你暗自期盼：「但願我也能這樣做」的事？

現在，停下筆來，好好思索一下你的答案。有沒有從中看出一些頭緒，發現自己真正感興趣的是什麼？最能激勵你的又是什麼？

哪些事物能夠讓你有成就感？對某些人來說，贏得比賽、完成困難任務就會有成就感。有些人則認為精通一種樂器可以帶來成就感。也有些人從聆聽朋友傾訴煩惱、撫慰對方的情緒中得到成就感。每個人會依自己感受到的影響來衡量成就感，而每個人的感受都是不一樣的。

你的長處是什麼？我們通常在自己的長處上表現得勝人一籌。不妨想想哪些事你做得比較好。

你的長處可能包括：

· 在校時成績好的那些科目

· 你參加過的一些運動

· 你學過的某樣樂器

· 藝術方面，像是繪畫、攝影、雕塑、設計、時尚

· 組織才能，或是讓團體成員和諧共事的能力

· 很懂得如何與小孩相處

你可能擅長：

· 英式橄欖球

· 演戲

· 唱歌

· 溝通

· 手作工藝、修理東西

你也可能是危機時刻大家仰賴的人。把你的長處寫下來。**假如你想不出自己有什麼長處，那麼就問問你的家人、好朋友，或你信任的老師。**

重要提醒

· 抓住每個能夠讓你成長得更強壯、用決心迎戰困境的機會，就像尼采描述的那樣：對生命大聲說「是！」

· 設定符合你的創造力、長處，與內在動機的目標，並且擬出能夠達成這些目標的具體步驟。每走一步都能讓你更接近最終的成就。

· 在努力奮鬥的過程中保持正面態度。

· 別讓挫折阻擋你前進。

· 要有志在必得的決心。

· 絕不甘於平庸。

幾個重點

· 弗里德里希‧尼采認為熱情成就了我們，我們主掌自己命運的方向。

· 他所定義的熱情有以下關鍵字：生成流變、創造、超越。

· 用肯定態度面對生命才是健康的——「殺不死你的，將使你更強壯。」

· 甘於平庸不會是你真心想要的，可能還會使得你焦躁沮喪。

· 好好發掘自己富於創造力的一面吧。

· 找出自己的長處。

· 思索生命中的種種可能，以及那些你有過的夢想。

要達成目標，你只需一步一步來就可以了。
我們常遇到的一個阻礙是自己心生膽怯，
以為自己絕對做不到。
但假如你一步一步來，事情會變得比較簡單。
你要做的事可能只是填好申請表格，
然後寄出去，就這麼簡單。

發揮創意，
就是做你自己！

最重要的
重點是

成就我們的是熱情、
創意、夢想，與個人長處。

一切都
與你有關

馬丁・海德格
怎麼說

價值是什麼，可以吃的嗎？

馬丁・海德格是二十世紀的德國哲學家，和尼采大約隔了一個世代。他相信要做真實的自己，你必須停止從眾隨俗，而是思考清楚自己想要如何過生活、真正想做的是什麼。換句話說，你得釐清哪些事對你而言是重要的，是你賦予較高價值的。

不過他也相信，你不能無視於外界、旁若無人地做自己。由於你和許多人共同生活著，所以你表現自我的方式，必須透過你與他人及環境的相處。他不認為光是探索內心就能夠認識自己，而相信從你與他人及周遭環境如何互動，才能看出你是怎樣的人。

好好想一想

想想哪些事物
對你來說是重要的。

你認為自己最重要的性格特質是什麼？

誠實、正直、獨立、冒險精神、仁慈？

你重視朋友嗎？如果是的話，你期望和朋友有怎麼樣的互動？

有趣、忠實、共進退、分享、誠實？

很可能你期望從朋友身上得到的，正是你自己特別重視的特質。

家庭對你而言重要嗎？宗教呢？

哪些事或人，是你賦予較高價值、最欽佩景仰的？

哪些是你就算沒有也不在乎的？

哪些又是你生活中
不能沒有的？

跟「大家」一樣，就對了？

海德格相信，一開始我們確實是會下意識地觀察周遭的人，從中摸索如何過生活。我們也會尋求他們的贊同。我們不知不覺接受了這樣的想法：他們的生活，就是我應該要過的生活。**我們認為別人會期望我們表現出某種形象，所以刻意改變自己好符合這些形象。**於是你常常聽到這類的話：「我這樣做會被嘲笑」、「我說這種話會被當成笨蛋」或「我才不要，被注意到就糗了」。

「大家」說的，一定就是這樣嗎？

海德格說，只想跟「大家」一樣，卻沒有好好思考自己在做什麼，這表示我們根本沒有做到忠於自我。你是否看過有些人幹出奇蠢無比的事，就為了被某個小圈子、團體或幫派接受？**你是否曾經跟著大家起鬨嘲笑某個人，儘管你心裡其實不願這麼刻薄？**海德格說我們違背本意做這些事，就是為了想跟「大家」一樣。

忘掉「大家」，好好做自己吧！

我們要怎樣達到勇於質疑「大家」的境界，做真正的自己呢？海德格說如果你清醒地意識到人不會永遠活著，每個人終究會走向死亡，那麼你就會敢於做自己了。生命有限，而你只能活一次的體認，便會讓你省思自己想要有怎麼樣的成就，也會讓你思索生命的意義，以及你重視的價值是什麼。由於生命終究會走到盡頭，所以光陰寶貴，我們當然有必要把時間分配在對我們重要的事物上，而不是浪費在無關緊要的地方。

體認到這一點，你就不會再複製別人的生活，或屈從同儕或「大家」對你的期望。**有誰會想在快要撒手人寰時，才明白自己一輩子都在設法迎合別人的期望，根本沒有照著真正的意願過生活呢？**

海德格相信，一旦我們認知這個道理，並且開始主動選擇自己的生活，我們就做到了忠於自我。如此一來我們可以過對自己有意義的生活，不再盲目依循「大家」說了什麼。

在群體中做自己

忠於自我不表示我們要忽視周遭的人。由於我們和許多人共同生活,所以有必要考慮我們的選擇會如何影響別人。雖然「大家」說的話可能乍聽之下很膚淺,但假如我們再進一步探索,我們會找到群體內比較不膚淺的價值觀,像是關懷他人,和己所欲施於人等等。

你的作業:

回想一下你身處的群體,包括家人、朋友、朋友的家人、鄰居、校友、老師、隊友、幫你們家送牛奶的人;也可以包括網路上的朋友群、教會(或寺廟、或清真寺)信眾,任何你可能會固定看到的人,還有議員、市長以及市政府裡的員工。

然後問自己以下這些問題:

哪些事物對你,以及對你所處的群體很重要?

你對他們有什麼期望?他們對你有什麼期望?

誠實很重要嗎?你期望身邊的人都能告訴你實話嗎?你期望朋友們永遠對你誠實坦白嗎?你對向你說謊,或無法信任的人有什麼感覺?

忠誠很重要嗎?生活遇到困難的時候,你會期望朋友們都站出來挺你,而你也願意挺他們嗎?假如你惹上麻煩,你會期望他們支持你嗎?你會為朋友說謊,還是覺得說出真相更重要?

家庭生活對你和你的群體很重要嗎？譬如，你是否珍惜和家人共處的時光，重視與他們的往來互動，喜歡他們的陪伴？在你的社群，家人是否會在面臨危機時互相幫忙脫困？

宗教對你而言重要嗎？如果是，它如何影響你的生活方式？

你和你的群體有多善體人意？你期望他們可以在多大程度上為你著想，而你自己對別人的體貼程度又有多少呢？

你和你的群體重視獨立精神嗎？你的父母和老師是否給你很多自由，讓你自己做決定？他們是否鼓勵你嘗試新活動、旅行、在合理的範圍內冒險？你自己想要這樣的獨立嗎？

你是否認同群體重視的一切價值，對個別價值的重視程度也都跟群體一樣？在群體重視的那些價值之外，有沒有其他價值是你個人也很重視的？不妨回頭翻本書第 39 頁，參考海德格「好好想一想」這單元。

價值選擇法

當你在為這輩子想要如何過而做出決定的時候，**絕對要將價值納入考量**。舉例來說，如果你認為誠實和尊重他人是重要價值，那麼你可能不會想跟那些不誠實、滿口謊言又不尊重他人的人共事。跟他們共事會讓你不斷地感到失望。又或者你是個精力旺盛、做事有效率、成就很高的人，要你跟一群每天期待午休時間的人共事，大概不會讓你心情多愉快。

規則的緊箍咒

有些人非常重視法則和規範。他們喜歡在到處有指導方針的地方工作，明確知道自己哪些事可以做、哪些事不要碰。但另外也有些人覺得這樣的地方太綁手綁腳，工作起來可能不會太開心。如果你重視個人獨立性，不喜歡和其他人緊密合作，那麼這可能表示你並不認為團隊合作是個重要價值。也許你偏好當自己的老闆，成為自雇的工作者。

我的故事

我曾經在一家不尊重、也不在乎他人的公司上班。他們向客戶隨意承諾卻沒有做到，而且還賴皮不付錢給為他們提供服務的人，非得等這些人向他們苦苦哀求，才勉強付清一小部分欠款，前提是要這些債主答應繼續提供服務。我親眼看到有些人生活過不下去，就因為我工作的這家公司積欠他們大筆債務不還。由於我認為尊重他人、己所欲施於人是很重要的價值，所以我實在很難在這種環境裡繼續工作。最後我丟了辭呈，轉往一家願意尊重他人權益的公司，而尊重他人權益正是我格外重視的價值。

當上班變成團康活動

假如你認為交談和樂趣很重要，那麼你得想想哪些種類的職務和雇主會提供活潑的工作環境。這要看公司的文化如何，所以你在應徵工作時應該先弄清楚這一點。有不少公司相當重視同事間的社交往來，也鼓勵他們的員工融入公司這個大家庭。另外有些公司則不那麼重視交際，反倒鼓勵員工全心投入工作，不要讓社交生活牽扯到公事。有些人可能比較適合這種文化。

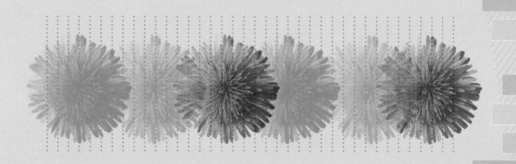

環保至上

若你對生態有熱情，而且認為保護環境很重要，那麼你不妨選擇能夠讓你實踐這些價值的地方。你可能會希望在環保署，或推廣環境友善活動的機構工作。

另闢蹊徑

賈許的父親是建築師，母親是家醫科醫師。他哥哥剛完成法律學位，姊姊則就讀醫學院。賈許的家人都期望他攻讀這三種「師」級專業，但賈許實在提不起勁。他在學校最喜歡的科目是藝術。他也喜歡到戶外走走，而且對生態永續非常感興趣。跟朋友及老師討論，以及上網做了番研究之後，賈許決定到技術學院讀景觀設計課程。經過他的說服，父母接受了賈許不想走他們替他規劃的道路。現在賈許在一家景觀設計公司工作，而且對這份工作充滿熱愛。

專業價值

目前為止，我們談的都是根據你的價值觀來選擇雇主。接下來我們再來想想不同行業的人會重視哪些不同的價值。舉例來說：

- 律師—正義，公平，支持他人，辯論

- 醫師—關心他人的健康與福祉，科學進步

- 會計—關注資源，解決問題

- 潛水教練—冒險，活躍於戶外

- 資訊科技專家—邏輯思考，獨立工作，解決問題

- 社會工作者—他人的幸福，社會互動與溝通

- 時尚設計師—藝術，創造力，改變

- 工程師—解決問題，邏輯思考，實務操作

- 藝廊策展人—藝術與哲學，美感與形式

當然了，他們重視的價值不只是所屬領域的這些。但如果他們對所屬領域的價值不那麼當回事，那麼他們可能選了一個不是真正適合自己的行業。譬如一名資訊科技專家或許也很重視正義與公平，或關心他人的福祉，但這些並不是資訊科技這一行最看重的價值。

關於價值的幾個問題

當你在為生命中的選擇做決定的時候，你的價值觀必須被納入重要考量。所以我建議你再讀一次本書第 39 頁的海德格「好好想一想」單元，條列出哪些事物對你而言最為重要。

什麼對你來說是真正重要的？你秉持的價值是什麼？

哪些事物對你周邊的人而言是重要的？

他們所重視的事物如何影響了你？

現在，再想想你需要重視哪些價值，才能讓你在你的夢幻工作上有所表現。這些價值也是你本人所重視的嗎？

· 想想看什麼對你而言是重要的。

· 選擇雇主的時候，
　先確認你與對方有相近的價值觀。

重要提醒

幾個重點

· 價值觀塑造了你。

· 做自己，就是知道什麼對自己最重要，而不只是盲目地做
　跟大家一樣的事。

· 做自己，也等於做所屬群體內的一份子，牽涉到你與這群
　人之間的互動關係。

· 知道自己重視的價值是什麼，有助於選擇自己想要工作的
　地點，以及你希望為誰工作。

一切都
與你有關

尚 - 保羅 · 沙特
怎麼說

生命是決定出來的：
我的選擇，造就了我

法國哲學家尚 - 保羅 · 沙特，

是二十世紀中葉全世界名氣最響亮的哲學家之一。

他相信：
我們所做的選擇，也就是我們的決
定，造就了我們的生命。

到目前為止，
你這輩子做過最重要的
決定是哪些？

有哪些重要決定是別人幫你做的？

「選擇造就了我們」是什麼意思？

沙特認為人類與其他生物不一樣的地方，就在於人類不會只依照本能行事，而會思考我們所做的決定。舉例來說，當你在計畫如何度過週末時，你會想到各種選項，譬如踢一場足球賽、到購物中心逛逛、做功課，或在家閒晃。你想出了幾樣活動，然後從中做出選擇。

沙特相信這種對決定的思考能力，與衡量不同選項的能力，是人類所獨有，也是人類與其他生物的最大區別。**他相信我們的選擇決定了我們的存在，我們之所以為人，就是因為有選擇的自由。**

人不是天生就被設定好要怎麼過活，或是一定要配合某個框架。你可以決定自己如何度過這輩子。**你的這些決定造就了你自己，無論決定是大是小。**

沙特也相信，假如我們否認自己有思考所做決定的能力，那麼我們就是在自我欺騙。若我們以為自己只是生命中一個偶然的過客，以為自己無法掌控生命，甚至埋怨發生在自己身上的事都是環境造成的，那麼我們就是否定了自己身為人的意義。

對你所做的選擇負責

我們所做的選擇，會對我們的生活產生後果。每一個決定都影響到我們是誰──包括我們選擇的食物、回應他人的方式、結交的朋友、從事的愛好……當然了，還包括我們選擇的高等教育及職業。每個人對自己所做的選擇都負有責任。

有種才能贏得法國旅行

珍娜得到了法國留學的獎學金。朋友們告訴她，說她實在太幸運了，還說他們也都是成績優秀、有同樣機會爭取到獎學金的學生，只是他們當初選擇不申請。然而這是珍娜決定採取行動，最終才為自己贏得獎學金與旅行的大好機會。珍娜能得到這一切靠的不是好運。她的朋友們做出選擇，無論他們在當下有沒有意識到這是一個選擇，而他們決定不申請獎學金。當我們忽略機會，我們仍在做選擇，只不過，是個消極的選擇。

那又怎樣？

這套道理要如何運用在選擇職業上？想想看，**你對自己是什麼樣的人、做什麼樣的事負有責任。因為你得去做出選擇！**而這份責任是無止盡的。為自己的生命選擇一條道路其實是很刺激的事！想想所有你這輩子想做的事吧，說不定它們都是有可能的，反正你又不必一口氣把它們全部做完。有些目標可以花長一點的時間來達成，而且你有可能在半途改變目標。若你能做出明智決定，你或許就可以達成所有夢想，儘管有些達成得早、有些較晚才實現。

責任的另一面

從另一方面來說，我們也對自己的決定負有責任。假如你審慎研究過可能的選項，或許你就能替未來做出比較好的決定。

但如果你做出不聰明的選擇，譬如把關乎自己未來的決定丟給別人來做，那麼你無權責怪旁人。

我知道有些學生會把決定權丟給老媽，讓她們來研究未來或許可以怎麼做。這些學生甚至讓老媽負責填報名表、幫忙完成文件作業。假使事情不如預期，這筆帳要算在誰頭上？是老媽的錯嗎？當然不是！這些學生做出了決定，讓別人來支配他們的未來。假如事情出了狀況，責任絕對在學生自己身上。這並不表示你用不著去請教那些經歷比你豐富的人。你還是可以聽聽他們的意見，衡量各個選項的利弊得失，但最終的決定權在你身上。就算事情沒能成功，與其去怪罪別人，不如想想失敗原因何在。你可以從錯誤中學習，然後做出新的決定來扭轉情況，取得比較好的結果。**就算你做的決定沒能得到想要的結果，天也不會塌下來。**你甚至可以中途改變目標。

不要貼標籤

在沙特看來，人沒有固定不變的本質。**是否曾經有人說你是個懶鬼或失敗者？**你是否被外界的刻板印象視為藝術家，雖然你對科學的喜好不亞於藝術？沙特說這種貼標籤的作法，把你僵化為某種類型的人，是虛假不實的。**就算你過去做過某些決定，或表現了某種行為，也不能因為這些行動或決定就永遠限定了你是怎樣的人。**你可以選擇其他會帶來不同結果的行動，只要你有心。

生命的願景

有時候我們從別人身上接收的訊息，會使我們的願景和夢想蒙上陰影。但是：

**你的生命決定於
你對你的目標有多執著。**

是你的決定讓夢想成真。是**你的決定在發揮影響力**。或許你還沒有預備好達成願望所需要的一切，但如果你立定切合實際的目標，你就可以做出有助於達成願望的決定。

去挑戰那些你給自己的、或別人給你的負面訊息吧，像是「你不能那樣做」、或「你還沒有足夠的條件做到」。請自己去思考未來的種種可能。**不要只聽別人怎麼說。**

面對實際

同樣重要的是，你對自己的志向應該抱持實際的態度。舉例來說，若你的目標是成為醫師，但你卻對科學沒興趣，那麼這可能就不是一個實際的目標。不如想想你為什麼想要當醫師。是因為這樣一來你就可以幫助別人？還是你希望能賺大錢？有沒有其他職業是可以幫助別人、或能夠賺大錢，同時不必讀太多科學方面的東西？

或者你想成為偉大的音樂家，卻懶得花很多時間練習，那麼你就得再好好思考了，因為優秀音樂家需要高度的自律。你必須投入全副心力才能夠考慮當音樂家這回事。想想看有哪些事是你做得好、又享受其中的吧。你的目標是否能配合你喜歡的事？**夢想未來和思考自己想要什麼，不過是個開場而已。**

生命由你控制

沙特要給你的訊息是：**掌握你自己的生命**。想想你希望達成的目標、你希望如何過生活。想擁有健康嗎？那麼你就該對飲食和身體保養做出明智的選擇。想擁有親密友誼與和睦的人際關係嗎？那麼你應該聰明地選擇朋友，並且善待他們。想擁有美好生活嗎？那麼你應該開始思考怎麼樣才算是美好生活。你可以小小的幻想，也可以盡情作夢，然後為如何達成這樣的生活構思切實可行的步驟。**天空的高度是沒有極限的！**

- 尚 - 保羅．沙特說，我們之所以為人，就是因為有選擇的自由。

- 不像其他生物，我們人類有思考自己所做決定的能力。若我們忽視這樣的能力，我們就是在自我欺瞞。

- 我們可以選擇自己要做什麼、成為怎麼樣的人──我們是自己生命的執行長。

- 就算我們的目標看似很難達到，我們還是可以做出有助於達到目標的選擇。

- 我們的選擇是有後果的，既可能對我們的生命產生正面影響，也可能會帶來負面影響。

- 我們必須對這些後果自行負責。

最重要的
重點是

我們擁有
選擇的力量

一切都與「你」有關

拿出你的本領

要徹底瞭解你自己，
另一個不可或缺的考慮因素是：你有什麼技能！

誠如我在本書第一章所說，過去幾年來，職場需要的技能已經不一樣了。

由於知識不斷改進發展，我們不只要成為優秀的學習者，也必須保持開放與彈性，能夠適應新環境和新的做事方法，而且隨時準備好採取主動。

同樣重要的是，你得對自己想去什麼領域發展，以及你需要哪些技能才能爭取到那個想要的位置，都必須有廣泛的瞭解。

你對自己的生涯發展負有責任，所以如果你夠自動自發，那麼你就比較有可能達成自己的目標。

現在讓我們來看看，你已經發展出了哪些技能吧。

以「溝通能力」為例

學校已經提供你機會發展文字溝通的能力，譬如語文課或歷史課。

你也可能透過演講比賽、在班上發表計畫報告、擔任體育活動領隊與激勵隊友，發展出了口語溝通能力。

或許你曾經幫忙製作校刊，因此發展出編輯、校對、寫作，與在團隊企畫中和其他作者溝通無礙的能力。

說不定你參加過戲劇表演製作。

假如你的工作需要進行公開演說，例如授課或在商務會議做簡報，那麼能夠在大群觀眾面前流暢演出、表達自我，就會是個相當有用的技能。這項技能也有助於建立你的自信。

行動方案

想一想，你在學校還曾經透過哪些其他方式發展出優秀的溝通技巧。

以「積極主動」為例

你是否曾經在參與課堂或課外活動時，因為提出了很有幫助的建議，而且與同儕們協調合作達成目標，因而在那項活動中成為領導性人物？

你是那種會主動注意哪些事需要人做，而且不必別人提醒就會去做的人嗎？

如果你擁有這些技能，那麼大部分組織都會賞識你，希望你成為他們的一員，而且你會在團隊中表現良好。

你也可能被視為有潛力成為優秀管理者的人。

行動方案

想一想，過去幾天以來，
你有沒有做過任何事，
展現出積極主動的能力。

那麼「自我激勵」呢？

上一次你有明確的目標要達成是在什麼時候？也許你是想買車，或存錢來趟公路旅行。也許你真的很想贏得學校舉辦的越野賽，或希望考試得到高分。

當時你如何達成那項目標？
你是否利用週末打工存錢，或早早起床做訓練，或用功讀書？

當你為了達成目標而把自己整頓好，你就可以被稱為是懂得自我激勵的人。

有些學生明白，若他們能在學校得到好成績，往後他們就可以享有比較多的選擇，因為有些科目的門檻標準比其他科目來得高。

所以如果這些學生盡全力去爭取好成績，那麼我們就可以說他們懂得自我激勵。相反的，要靠父母好說歹說才肯念書的學生，就沒有什麼自我激勵可言了。請注意：這種驅策力往往來自達成目標的渴望。

組織能力也很重要

你可能在學校參與籌辦舞會或體育賽事時，就開始發展出組織方面的能力。

你也可能參加過學生會活動。

或者你只是在忙碌的課業、運動，和家庭活動中設法安排好時間表。這些經驗都不會是白費的。離開學校後，無論你的下一步是什麼，你都必須有良好的組織能力才能馬到成功。

若你升上大學或技術學院，你得記清楚每天的課表、各科的上課時間和教室地點，以及它們的指定作業截止收件時間。不會再有人追著你討功課，或幫你確認你是否已經為大小考試做好準備。你得自己確定沒跑錯課堂、搞錯考試日期。

展開全職工作後，你必須準時進公司、好好計畫自己一天的時程，才能夠達成主管對你的種種要求。

行動方案

你可以從現在就開始，
用日誌本規劃每週的行程，
讓你的工作、課業、休閒活動都得以安排妥當。

人際互動技巧不可或缺

為了和他人建立良好關係、維持滿意的顧客服務，你需要配備人際互動技巧。

別以為「顧客服務」僅限於接電話的客服中心或服務業的店家。這年頭無論是小型零售業或大型企業、甚至法律事務所，都知道關照客戶，與同業交好的重要性。

你在學校與朋友、老師，和其他教職員每天練習著人際互動技巧。

如果你懂得傾聽、溝通、對身邊的人感同身受，那麼你這一生可以有更高的成就。

這份技能清單還可以不斷延伸下去。

假如你對數學很在行，你可能邏輯思考能力不錯，也有解決問題的能力。

研讀文學同樣能發展思考與分析能力，外加不同於他人的創造力。

若你的專長是科學，你發展出來的能力也許是注意細節、講求精確、善於從發現中歸納出結論。

倘若你對歷史有興趣，說不定你發展出了優秀的研究技巧，並且對自己或他人傳承的文化以及社會變遷因素特別有理解能力。

行動方案

下回試試碰到每個人的時候，
都把他們當成全世界最有趣的人，
練習用這種方式跟他們聊天，看看會怎麼樣。
結果可能會讓你很驚訝喔！

行動方案

現在既然你已經做過思考了，
就把你在學校有機會發展出來的技能列成一張清單吧。
然後再想想這些技能可以如何運用在工作上。

行動方案

想一想，你這輩子真正渴望達成的目標是什麼。
把它寫下來，然後貼在鏡子上。
讓這張紙條成為鞭策你的力量。

接下來呢？

玩轉
人生拼圖

所以你究竟
是誰？

目前為止我們已經探索了自我的好幾個面向，
包括熱情、創造力、長處、
價值觀、夢想、技巧，與我們所做的選擇。

要為未來做出明智的決定，
你得把這些面向全部納入考量，
當你將這些都拼在一起，你或許會開始

看出自己的全貌。

將你在閱讀這本書的時候，思考過的所有傾向與追求都做個檢查：包括你的夢想、目標、長處、技能、創造天分、興趣和價值觀。

現在，把它們一併拿到檯面上，列進以下的表格。請按照你的優先次序來逐條列出，從最重要排到最不重要的。舉例來說，在「夢想＆目標」這一欄的最上方，寫上你最渴望達成的夢想。「技能」這一欄頂端，則寫你最擅長的事，依此類推。

夢想＆目標	長處	創造天分	興趣	技能	價值觀

停下筆來，看看你列的這份清單。
你最重要的夢想是什麼？
最大的長處是什麼？
創造天分和價值觀又是什麼？

現在，
再看看你寫的自傳

不妨請一個朋友或家人也為他自己寫一份自傳，然後你們交換自傳，互相讀給對方聽。雖然這樣做聽起來很彆扭，不過這能讓你對自己有比較客觀的看法。這項簡單的練習說不定也能讓你有意料之外的新發現。

為自己的夢想
與目標開路

既然你現在對自己是怎樣一個人有比較清楚的概念了……

我們來看看你在「夢想」欄最上面一列寫的是什麼吧。舉個例子好了，比方說你的目標是開一家書店。

然後你**再看看其他欄目最上面一列是什麼。**那些最優先的項目，是否與你的夢想相容？譬如你的興趣之一是閱讀，那麼你的夢想就符合了閱讀這項興趣。

接著再看你所有的長處。由於開書店有財務上的風險，你的長處是否包括組織能力、會計、經濟，或任何有助於經營事業的項目？你搞得懂財務報表嗎？這些是你可能想學習發展的，還是你壓根沒興趣的？切記，你不一定要主修商業，你也可以選擇短期商業課程，或是在你選修的學位課程中挑會計來讀。

大部分夢想是有可能實現的。只要你準備好踏出邁向目標的步伐，就算看起來最遙不可及的夢想也會有成真的一天。決心與投入會讓你最終如願以償。看看那些在生命中達到了不起成就的人吧，我敢說羅馬不是一天造成的。就算是愛因斯坦也在專利局工作了好幾年，才被世人尊崇為偉大的天才。

玩轉
人生拼圖

還想不清楚？

思考過自己的各種面向之後，你可能還是不太確定接下來究竟該做什麼。不是每個人都有特別的夢想或渴望，而且對某些通才型的人來說，他們可以選擇的路實在太多了，反而很難從中選出一條來走。如果你是這樣的人，請不必太擔心。你可以從以下這幾點來考慮。

1. 資格越好，離高收入越近。

我們都聽過某人沒受過教育，光憑勤奮和決心成為百萬富翁的故事。但這些人是特例。據統計資料顯示，假如你希望擁有高收入，一般來說學歷資格越好，潛在收入會越高。

2. 若你仍不確定自己想做什麼，就選個聲譽卓著的高等教育機構，在你感興趣的科目上取得正式學歷認證吧。

這是個經驗法則：大學比較注重研究及理論；技術學院課程通常有職業傾向，目的是訓練你在特定職業領域培養專長，或者出社會謀得工作。不過這項法則也有些例外，譬如要成為醫師、律師或專業工程師，你必須先讀過大學。私人訓練機構提供的通常是鎖定就業市場特定需求的課程，譬如美髮、觀光旅遊、網頁設計等等，其中許多課程在相關產業享有不錯的聲譽。想知道各大學的排名，不妨參考一些獨立機構所做的評量，例如紐西蘭研究型大學的排行可參考「學術研究成果及表現基金會」（Performance Based Research Fund）所做的評比，全球大學排行可參考倫敦的「泰晤士報高等教育增刊」（Times Education Supplement），網站為 www.timeshighereducation.co.uk；進入主頁後選擇「Stats」這一欄。

3・就算你沒能申請到最想讀的資格課程，也不要絕望！

通常你的高等教育可以從基礎課程開始。認證課程或文憑課程應該會比學士課程的修業時間短，完成後可望提高你申請到學士課程的機率。**這就叫「階梯式」，先取得初步資格作為跳板。**倘若你在基礎課程中表現優異，說不定還能抵銷往後讀學士的部分課程，縮短你完成學業的時間。舉例來說，許多技術學院提供了紐西蘭商業文憑（New Zealand Diploma of Business）課程，若你在這些課程取得優異成績，那麼你就可以進一步在技術學院或大學取得商業學士學位。

一步一臺階走向設計天堂

露比沒申請到大學的三年期設計學位課程，但錄取了同一學系的一年期認證課程。她不是唯一抱憾的人，至少有九成想修學位課程的人，得先將就認證課程。不過這對他們其實是個試水溫的好機會，因為認證課程就跟學位課程一樣，比多數人預期的更著重於抽象觀念。學生可以從認證課程確認自己會不會喜歡學位課程，而不必一開始就貿然投入三年時間攻讀，同時又能取得認證資格。露比很愛這門課，她從中獲得不少信心，繼而決定攻讀學位課程。

天生電腦玩家

尼克在學校很不快樂，最後他違背父母心願，沒拿到任何文憑資格就輟學了。離開學校後他幹了幾份差事，都是些重複性的工作，毫無前途可言。於是他瞭解到，要是他再不設法取得資格認證，他恐怕不會找到任何令他滿意的工作。他曾經應徵過一些技能符合的工作，但機會最後還是被別人搶走了，正因為別人有相當的資格認證。由於他對電腦程式有些天分，所以他在當地技術學院申請了程式設計的認證課程。比起文憑課程或學位課程，認證課程的門檻比較低。而且由於他表現出電腦方面的天分和積極進取的態度，最後他獲得錄取入學。順利完成認證課程之後，他的表現扶搖直上。他繼續升學攻讀資訊工程文憑課程，然後又因為平均成績優異而錄取大學學位課程，主修程式設計。

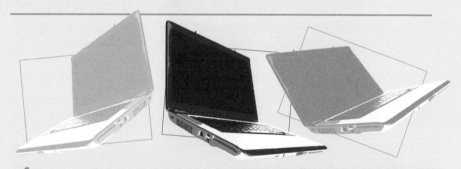

4. 你也可以給自己較寬裕的選擇空間，畢業後選修一門範圍較廣泛、通識性的科目，譬如文學士或理學士學位課程。

無論你選擇哪一門文憑課程或認證課程，重要的是從求學中發展個人技能、取得相當的資格。舉例來說，假設你打算應徵財政部的公職，你可能會以為商業貿易相關學位是應徵者的必備條件。但事實不見得如此。他們通常會要求碩士學位，但他們也希望能廣泛招募不同科別的畢業生，包括文學士和理學士。再舉個例子，若你不確定自己是否真的想成為老師，你大可不必直接考取教師資格，不妨先在其他科目完成學位，然後再看看自己是否真的想任教，嘗試為期一年的學士後教育文憑課程。

5. 果你已經選攻一門學位了，不要太早就自我設限；不妨好好利用第一年多嘗試幾門不同的科目。

入高等教育的第一年，你有的是機會保持選擇開放——畢竟沒人把你銬起來，你可以隨時改變心意。**就把新鮮人這一年當成放手嘗試各種科目的歷程吧**，就算是校外提供的課程也應該盡量試試。你可以從中發現自己適合什麼、不適合什麼。有些課程一開始涉獵得相當廣泛，必須等到第二年才能讓你專攻某個特定領域。但你還是可以從中發掘自己真心喜愛的部分，同時開啟了更多其他的可能性。就算你想法急轉彎，決定改修別的學位課程，有些你已經修過的課也可能是新學位要求的必修，所以你不必再重修了。

6. 有些學生寧可先遠走海外一年求取生活歷練，或先工作存夠教育費再繼續升學。

這種作法可以讓你從書堆中稍作喘息，有段時間好好思考未來的目標。再說，沒有比無聊重複的低薪工作更能敦促你用功讀書、努力爭取像樣的資格文憑了！

7. 半工半讀有助於拓展你的事業前景

不少學生在就讀大學時，同時有兼差工作或假日打工。這在畢業後可能會是個就業優勢，因為雇主不只看你在課堂中學到什麼技能，也重視你成功整合工作與求學所表現出來的成熟心智，以及組織能力。若你打工的地方願意幫你寫推薦信，**他們的推薦可為你在得到第一份全職工作時爭取到好的開始**，特別是如果你工作態度良好、表現得細心周到、有優秀的時間管理技巧，而且辦事牢靠。這些是任何雇主都希望看到的能力。假如你表現出可信賴及肯做的態度，說不定雇主早就準備要好好栽培你了。

玩轉
人生拼圖

幾個實際步驟

給自己充裕的時間,仔細研究手上的所有選擇。

你知道嗎……

攻讀自己真正感興趣的學科,你或許會發現原先沒有思考過的可能性。舉例來說,你知不知道選擇某些理工科目,最後你有可能是為食品界或飲料業的公司研發新產品?有沒有想過,你會替一間釀酒廠或一家公司研發美食家等級的巧克力?

1 　**先確認針對你想讀的那門課，你是否符合入學資格。**各大學的招生簡章會註明一般入學標準。你可以請就業輔導老師或教務長協助你確認資格。至於文憑及認證課程的入學標準，則每間學校各有不同。

2 　**切記不要太專注於一門學科，而忽略了其他學科。**你必須選修好幾門課才能取得足夠的總學分數。但也不要貪多嚼不爛，選了太多學科，以至於每門學科只拿到很少的學分數。再次提醒你弄清楚一入學標準，確保自己瞭解申請所需的資格。

3 　把握就學時期的機會，增加自己的歷練與技能。你可以參加學校的體育活動、戲劇及音樂演出、組織運作、學生會，與兼職工作。

4 　把握每次機會探索就業市場。你可以參加「生涯選擇日」（Workchoice Day）活動、就業博覽會、學校舉辦的就業輔導，或大學與技術學院的開放日。

5 　仔細閱讀大學與技術學院的招生簡章，說不定你能從中得到對職業的新想法。大部分簡章印有免付費電話，也可免費寄給你相關手冊等資料。

6 　你可以比較不同課程的內容與費用，但千萬別為了省錢而犧牲品質。到頭來你終將會發現這是不值得的。

7 　切記，最重要的不是你取得了哪一門學科的文憑資格，而是你學到了哪些能夠為你的長期事業奠定基礎的技能。

8 　**不要太快就鎖定特定領域，先選一個能夠讓你學會廣泛技能的資格證明。**舉例來說，如果你在商業領域中的一個特定科目取得文憑或認證，那麼你未來的發展就會比較受限。若你能先選一個綜合性的商業學位，你的選擇會比較開放，學得技能的適用性也會比較廣。要是你希望成為特定領域的專家，最好是先取得第一階段的基礎資格，再朝這個方向前進。

9　多看看報紙上的招聘廣告，或瀏覽人力資源網站，像是 www.seek.co.nz、www.kiwicareers.govt.nz，和 www.selfdirectedsearch.com。**從中找出你感興趣的工作，瞭解一下這些工作有哪些資格要求。**

10　你可以打電話給你有興趣去上班的公司，並與業界人士聊聊，藉此**瞭解你需要取得什麼樣的資格認證，和應該具備哪一些技能。**如果你已經明確知道自己想去哪一家公司了，不妨聯絡該公司的人事部門，瞭解一下他們對求職者的資格要求。

11　假如你有家人、朋友、鄰居，或任何你認識的人正在從事你感興趣的工作，就好好跟他們聊聊吧。瞭解一下他們在工作上有哪些喜歡的地方、哪些不喜歡的地方，順便考察這些工作的好處與壞處。

最後我要說，**好好享受你的求學時光吧。**
別太憂心畢業以後要做什麼，
或是你到底應該選擇哪一種職業。
假如你夠努力，有做到用心檢視各種可能性，
那麼你就沒什麼好擔心的。

而且別忘了，
你不需要把自己硬塞進某個框架。
只要你做事有方法、思慮夠清晰，
你的事業道路便可隨處轉彎仍通行無礙。

讓你的選項保持開放，
滿心期盼你為自己的未來
所做的選擇吧！

享受創造自己
生命故事的樂趣！

出 版 者：
愛米粒出版有限公司｜地址：台北市
10445 中山北路二段 26 巷 2 號 2 樓｜編輯部專線：
（02）25622159｜傳真：（02）25818761｜【如果您對
本書或本出版公司有任何意見，歡迎來電】

總 編 輯：莊靜君｜編 輯：黃毓瑩｜企 劃：鄭智妮｜
內文版型：賴維明｜校 對：鄭秋燕、陳佩伶｜印 刷：上
好印刷股份有限公司｜電 話：（04）23150280｜初 版：
二〇一三年（民102）十二月一日 定 價：250 元｜總經銷：
知己圖書股份有限公司｜郵政劃撥：15060393（台北公司）
台北市 106 辛亥路一段 30 號 9 樓｜電話：（02）23672044
／ 23672047｜傳真：（02）23635741｜（台中公司）台
中市 407 工業 30 路 1 號｜電話：（04）23595819｜傳真：
（04）23595493｜國際書碼：978-986-89950-2-4｜CIP：
102020743

發掘你的天賦，活出自己
Who You Are Is What You Do

非虛構 006　　**希瑟‧麥克艾利斯特**
Heather McAlliste
劉怡女／譯

因為閱讀，我們放膽作夢，恣意飛翔—成立於 2012 年 8 月 15 日。不設限地引進世界各國的作品，分為「虛構」和「非虛構」兩系列。在看書成了非必要奢侈品，文學小說式微的年代，愛米粒堅持出版好看的故事，讓世界多一點想像力，多一點希望。來自美國、英國、加拿大、澳洲、法國、義大利、墨西哥和日本等國家虛構與非虛構故事，陸續登場。

參考書目

《紐西蘭的二十一世紀工作經》（Work and Working in Twenty-first Century New Zealand），Paul Spoonley、Ann Dupuis、Anne De Bruin 共同編輯，2004 年出版，紐西蘭北帕墨斯頓 Dunmore Press 出版社。｜《職業發展暨系統理論：一種新關係》（Career Development and Systems Theory: A New Relationship），Wendy Patton 與 Mary McMahon 共同著作，1999 年出版，美國加州 Brooks／Cole Publishing Co. 出版社。｜《新職業時代：個人行動與經濟環境變化》（The New Careers: Individual Action & Economic Change），Michael B.Arthur、Kerr Inkson、Judith K. Pringle 共同著作，1999 年出版，英國倫敦 Sage Publications 出版社。｜《工作的未來》（The Future of Career），Audrey Collin 與 Richard A. Young 共同編輯，2000 年出版，英國劍橋大學出版社。｜《從存在主義觀點看自我真誠與健康》（Authenticity and Health: An Existential Perspective）希瑟‧麥克艾利斯特碩士論文，1999 年出版，紐西蘭奧克蘭大學出版社。